La sculpture contemporaine en France

1860

HENRI DELABORDE

TABLE DES MATIÈRES

LA SCULPTURE CONTEMPORAINE EN FRANCE - CHARLES SIMART

I. Œuvres de Simart reproduites par la photographie. - II. Simart statuaire, Étude sur sa Vie, et sur son Œuvre, par M. Gustave Eyriès, Paris 1860.

Depuis l'exposition posthume des tableaux peints par Paul Delaroche, l'usage semble consacré parmi nous de recueillir et de présenter dans leur ensemble les œuvres des artistes éminens que la mort vient de frapper. Il y a dans cette épreuve suprême, dans cette sorte d'enquête publique sur les actes et sur la portée d'un talent, quelque chose de la pieuse sympathie qu'expriment ou qu'inspirent les oraisons funèbres, quelque chose aussi de l'impartialité clairvoyante qui appartient aux jugemens de l'histoire. En achevant de s'informer ainsi, en pesant la somme totale des titres qu'elle avait autrefois comptés un à un et peut-être admis un peu à la légère sous l'influence d'un succès passager, l'opinion des contemporains acquiert presque la valeur d'une décision juridique ; elle laisse du moins pressentir, elle prépare les arrêts de la postérité. L'exposition récente des travaux d'Ary Scheffer, la reproduction par la lithographie de toutes les œuvres du sculpteur David ont instruit, pour ainsi dire, dans quelques-uns de ses détails essentiels la cause de l'école moderne auprès de ceux qui nous suivront. Aujourd'hui la publication d'une suite de photographies d'après les statues et les bas-reliefs qu'a laissés Simart vient ajouter aux preuves acquises un élément de conviction nouveau et continuer sur l'art de notre époque cette série de témoignages que la mort a ouverte et grossie sans relâche depuis quelques années. En même temps une étudezélée, trop zélée peut-être à certains égards, sur la vie et l'œuvre de Simart, j'ai presque dit un panégyrique formel, achève de convier le public à l'examen d'un talent qui, faute d'autorité souveraine, a du- moins son importance sérieuse et ses droits au respect de tous. Ces deux publications diversement significatives nous offrent l'occasion d'apprécier à notre tour les développemens successifs de ce talent et d'en résumer les caractères, en lui attribuant dans l'histoire de l'art contemporain, non la place glorieuse qui n'appartient qu'aux maîtres, mais le rang très honorable encore réservé aux disciples d'élite, aux intelligences bien munies et fécondées par l'étude des grands exemples. Il y a aussi dans les travaux de Simart un autre élément d'intérêt pour la critique, un sujet d'étude qu'elle ne saurait négliger, - l'état même de la sculpture en France et ses derniers progrès.

En France, et dans notre siècle surtout, la sculpture est de tous les arts le plus difficilement populaire. C'est celui du moins qui, au point de vue de l'amour-propre et de la notoriété personnelle, rémunère les artistes avec le plus d'incertitude ou de parcimonie. Les statuaires doivent se résigner sur ce point à de continuels sacrifices. Leurs œuvres peuvent parfois rencontrer le succès : rarement leurs noms s'imposent à la mémoire de la foule. Que de gens, par exemple, dont les yeux connaissent et admirent le Danseur napolitain de M. Duret ou le Départ sculpté par Rude sur l'arc de triomphe de l'Étoile, qui seraient peut-être embarrassés de dire quelle main a modelé cette élégante figure, quel ciseau a taillé ce hardi bas-relief ! Tandis que telle menue peinture de genre, telle fantaisie de couleur tracée du bout du pinceau et au hasard de l'heure présente, suffisent pour donner à ceux qui les ont signées une certaine célébrité, les marbres destinés à la décoration de nos monumens, les morceaux de sculpture dont l'exécution a exigé le plus de temps, de loyaux efforts et de vraie science, laissent à peu près inaperçus, sinon le mérite même du travail, du moins le mérite et les titres particuliers des auteurs, Seul parmi les statuaires français contemporains, Pradier a joui de son vivant d'une sorte de popularité : d'où lui est venue toutefois cette faveur exceptionnelle ? De sa rare habileté assûrement, mais sans doute aussi de ses doctrines trop peu sévères, de son goût trop habituel pour des sujets et un style où le nu n'est rien moins que l'image naïve de la chasteté. Au lieu des galanteriesmythologiques qui se multiplièrent sous son ciseau, si Pradier n'eût consenti à produire que des œuvres comme le Fils de Niobé, les Renommées et lesVictoires qui ornent l'Arc de Triomphe et la crypte des Invalides, s'il se fût, par respect pour son talent et pour l'art auquel il avait voué sa vie, imposé la loi de traiter toujours sérieusement cet art essentiellement sérieux, peut-être l'indifférence publique l'eût-elle puni de sa réserve. En méconnaissant au contraire une partie des conditions qui lui étaient prescrites, le sculpteur de la Bacchante et le Satyre, de Phryné et de bien d'autres statues ou statuettes du même genre a été récompensé par de bruyans succès. Reste à savoir si, au risque de demeurer un peu oublié de la foule, l'artiste n'aurait pas eu tout à gagner dans le sentiment du devoir accompli et dans l'approbation des bons juges.

Rien de plus naturel d'ailleurs, rien de plus aisément explicable que cette anomalie dont nous parlions tout à l'heure entre l'empressement du public autour de toiles fort secondaires et le froid accueil réservé d'ordinaire aux travaux et au talent des sculpteurs. Nos inclinations présentes nous portent en général à rechercher dans les produits de l'art un plaisir pour les yeux bien plutôt qu'un élément d'instruction, ou, comme disait Poussin, de délectation pour l'esprit. Le moyen de contenter ce besoin d'amusement à tout prix en face de beautés qui n'existent qu'à la condition d'être graves ? Comment se sevrer brusquement du spectacle accoutumé des gentillesses pittoresques pour se mettre au sévère régime de la ligne, de la forme pure, de la vérité sans caprice, sans accident d'expression ni d'outil ? Rien de ce que nous avons vu ailleurs ne nous a préparés à ces pratiques austères : aussi, quand l'occasion vient pour nous de les connaître, nous trouve-t-elle le plus souvent distraits ou dépaysés. Ajoutons, pour être juste, que la banalité de certaines données, la reproduction à satiété de certains types, ne laissent pas d'excuser notre froideur et d'expliquer en partie l'impopularité de la statuaire aujourd'hui. Nous avons vu, depuis le commencement du siècle, tant de statues sorties du même moule académique se dresser invariablement au Salon, tant de gens vouer leur ciseau à l'oiseuse besogne de rééditer d'année en année ce qui avait déjà paru cent fois, que nous avons fini par confondre les conditions de cette industrie stérilement féconde avec les lois de l'art lui-même. Il semble que la sculpture n'ait et ne puisse avoir de nos jours d'autre office que de continuer tant bien que mal une méthode immuable, et que les sculpteurs doivent borner leur ambition à modeler, suivant des procédés convenus, d'honnêtes, figures allégoriques auxquelles les salles de quelque musée de province prêteront ensuite une hospitalité de hasard. De là cet éloignement instinctif, tranchons le mot, cette impression d'ennui que nous causent en général les travaux de l'ébauchoir ou du ciseau ; de là aussi nos injustices envers quelques talens dont le seul tort est de se trouver trop souvent mal ou médiocrement avoisinés. On sait de reste que le marbre et la pierre fournissent chaque année en nombre suffisant des Saisons ou desMuses, des images de la Prudence, de la Justice ou telles autres personnifications aussi peu imprévues dans la forme qu'inoffensives dans les intentions : on ne sait point assez qu'à côté de ces redites inutiles des œuvres vraiment éloquentes soutiennent l'honneur de notre école, et que, jusque dans le même ordre de sujets, plus d'un statuaire réussit encore à formuler des idées neuves, en se gardant aussi bien des excès pédantesques du style que de l'infidélité aux traditions.

Parmi les artistes contemporains qui ont le mieux défendu cette cause du beau classique tout en consentant à en rajeunir les termes, parmi ceux qu'a le plus ardemment préoccupés la recherche du progrès sans indiscipline, sans concession au caprice ou au faux goût, Charles Simart mérite d'être cité en première ligne, tant pour son habileté même qu'en considération du nombre et de l'importance de ses travaux. Disciple fervent de l'antique, il a gardé néanmoins son indépendance, et n'a pas immobilisé son talent dans un système d'imitation servile. Au lieu de copier, comme tant d'autres, les surfaces de l'art grec et d'en contrefaire les formes sans en résumer l'esprit, il a voulu, au profit même de sa propre pensée, s'assimiler les caractères intimes, la vie morale de cet art admirable entre tous : tâche difficile, accomplie déjà dans le domaine de la poésie avant le siècle où nous sommes, mais que, sauf une exception illustre, les peintres et les sculpteurs de notre temps n'ont su ni choisir dès le début avec cette certitude, ni poursuivre avec cette obstination passionnée. Dans le livre, plein de sages aperçus d'ailleurs, qu'il vient de consacrer à la mémoire de Simart, M. Eyriès n'hésite pas à affirmer que si le savant artiste n'eût été brisé, comme par un coup de foudre, au milieu de sa carrière, ... il fût devenu le Raphaël de la statuaire. Un pareil éloge n'est pas seulement excessif en soi ; il pèche encore par la différence des inspirations et des principes que personnifient les deux noms ainsi rapprochés, et, comparaison pour comparaison, le souvenir d'André Chénier eût semblé ici mieux de mise que le souvenir du peintre des Madoneset des Stanze du Vatican.

Ne serait-on pas autorisé en effet, sauf l'inégalité de mérite entre les résultats, à rattacher les tentatives archaïques du sculpteur de la Minerve et des bas-reliefs du tombeau de Napoléon au système de rénovation littéraire par l'imitation des anciens qu'inaugurait, vers la fin du siècle dernier, le chantre del'Aveugle et du Jeune Malade? La poétique de l'un a de telles analogies avec la foi esthétique de l'autre, qu'il semble naturel de leur attribuer à tous deux, sinon le même rôle et la même influence, au moins une ambition à peu près pareille et un égal bon vouloir. Il faut le redire toutefois, la similitude existe dans les intentions, mais elle est loin d'apparaître aussi complète quant à la valeur même des œuvres et à l'impression produite. Si exactement moulées qu'en soient les formes sur les exemples de l'antiquité, le style d'André Chénier garde au fond un caractère personnel, une aisance, une verve propre, qu'on ne retrouve pas ou qu'on retrouve à un moindre degré dans les travaux de Simart. Sous l'érudition archéologique du poète, on sent un art jeune et vivace ; sous le calme ou la grâce attique de la parole, l'émotion, l'originalité de la pensée. Tout en s'appliquant à ressaisir l'inspiration antique jusque dans la traduction des faits ou des idées modernes, Chénier n'oublie pas que la poésie ne saurait être seulement une fiction d'initiés ; pour lui, la révélation absolue du beau n'est pas la résurrection d'une langue morte. Sans doute Simart n'avait garde non plus de méconnaître cette loi nécessaire de l'art ; mais, faute de confiance en lui-même peut-être, il lui est arrivé de laisser prédominer dans ses ouvrages la science sur l'invention et les habitudes acquises de l'esprit sur la franchise du sentiment. Ce qui manque à ces œuvres hautement érudites, ce n'est certes ni la noblesse du goût ni la correction de la pratique : c'est l'accent qui achèverait de vivifier le tout, c'est ce je ne sais quoi d'intime et d'inattendu, cette pointe de bizarrerie, si l'on veut, qui perce même dans les travaux des maîtres les plus purs, et qui caractérise une manière tout en échappant à l'analyse.

Lorsqu'on examine la suite de photographies récemment publiée, ou, ce qui est plus sûr, plus concluant encore, lorsqu'on parcourt dans le musée de Troyes les salles où des mains pieuses ont réuni les modèles en plâtre des statues et des bas-reliefs sculptés par Simart, il est impossible de ne pas être frappé de la dignité soutenue, de l'unité que présente l'histoire de ce talent. Aujourd'hui surtout qu'en matière d'art les fortes croyances sont rares et les petits moyens de succès facilement admis ou excusés, c'est avec un sentiment de vénération exceptionnel qu'il faut contempler ces productions d'une intelligence convaincue, ces reliques d'une vie consacrée sans relâche aux études sévères, aux généreuses ambitions. Faut-il attribuer pour cela au savant statuaire une puissance d'expression égale à l'énergie de sa volonté, et exhausser au niveau du génie cette sobriété dans le goût, cette sûreté dans les informations ? M. Eyriès semble parfois s'exagérer en ce sens la valeur du talent qu'il propose à notre admiration. Un peu ébloui peut-être par les radieux souvenirs de la jeunesse et d'une longue amitié, il salue sans hésiter la gloire là où des esprits moins affectueusement prévenus pourraient reconnaître seulement des titres à une haute estime. Il qualifie tantôt de grand, tantôt d'illustre, un artiste bien famé sans doute, mais dont le nom, quoique fait pour survivre, ne saurait être promis aux mêmes destinées que le nom d'un Jean Goujon ou celui d'un Puget. À quoi bon insister au surplus sur des erreurs qui compromettent beaucoup moins les droits d'une exacte justice qu'elles n'honorent celui qui les a commises ? Si le biographe de Simart eût écrit son livre en se défiant davantage de son propre enthousiasme, s'il se fût imposé le rôle d'un juge au lieu de continuer au-delà du tombeau l'office dévoué d'un ami, le public eût pu gagner à cette réserve des enseignemens plus sûrs quelquefois au point de vue de la critique ; il y eût perdu bien des pages sincèrement émues, des détails intimes donnés avec la véracité d'un témoin et une effusion sympathique. On aurait, en un mot, une étude plus impartiale, un arrêt plus équitable peut-être ; on n'aurait pas une déposition aussi animée ni aussi intéressante à tous égards.

Nous avons dit qu'un des mérites de Simart était la clairvoyance qui lui fit discerner de bonne heure la voie qu'il devait suivre ; puis, cette voie une fois choisie, le courage avec lequel il y persévéra. Reconnaître exactement l'ordre de travaux auquel on est propre, c'est déjà posséder à moitié les secrets du talent, puisqu'il ne reste plus qu'à féconder par l'étude des facultés certaines et à exploiter un terrain dont on sait d'avance les ressources et les limites. Combien d'artistes s'égarent à la recherche de ce coin de terre qu'ils trouveraient à deux pas, et où il leur appartiendrait de s'installer ! Combien, après toute une vie de tâtonnemens et d'enquêtes, s'aperçoivent au dernier moment qu'ils ont fait fausse route, qu'ils ont dépensé en expériences stériles des forces dont un examen plus consciencieux d'eux-mêmes leur eût prescrit le juste emploi ! Dans la vie de Simart, point de ces longues méprises ni de ces repentirs tardifs. L'idéal qu'il poursuit quand il n'est encore que pensionnaire à la villa Médicis n'a pas cessé, vingt ans plus tard, d'occuper souverainement sa pensée et de régir toutes les entreprises de son ciseau. Sauf la correction de plus en plus rigoureuse du style, il n'y a pas, à vrai dire, de différence entre les œuvres que Simart envoyait de Rome et celles qu'il produisit à Paris depuis son retour jusqu'au jour de sa mort. Pour surprendre quelque hésitation, quelque symptôme de défaillance dans la marche de son talent, il faudrait remonter aux premières années d'apprentissage ; encore ces semblans de démentis aux convictions futures ne vont-ils guère au-delà de certaines tentations de l'esprit, et même à cette époque ils se résolvent rarement en erreurs de fait. Si une esquisse qu'on voit aujourd'hui au musée de Troyes, la Mort d'Orphée, pèche ouvertement par l'agitation des lignes et la violence des mouvemens, en revanche rien de moins turbulent dans la forme, rien certes de plus exempt en apparence de tout paradoxe pittoresque que la statue de Coronis, modelée en 1831, ou le bas-relief représentant le Vieillard et ses Trois Fils, qui en 1833 valut au jeune artiste le prix de Rome. Et cependant celui qui venait de prouver ainsi son intelligence des lois de la statuaire ne laissait pas au fond de son cœur de nourrir des projets dont l'exécution l'eût entraîné à enfreindre gravement ces lois. Facilement gagné, comme presque tous les esprits jeunes alors, à la cause de la révolution qui s'achevait dans les arts et dans les lettres, il ne rêvait pas moins que de sacrifier au profit de la sensation, de l'émotion purement dramatique, l'expression calme et réfléchie du beau, ou, comme il le disait lui-même dans une lettre que l'on a conservée, d'exécuter des groupes immenses où dominerait une pensée profonde, qui ferait oublier l'art et l'artiste... J'aime l'art qui saisit le cœur, écrivait-il un peu plus tard, j'aime l'art qui fait pleurer. Soit ; mais tous les arts indifféremment n'ont pas et ne sauraient avoir ce don de provoquer les larmes. La sculpture en particulier n'est pas plus faite pour nous attendrir que la poésie ou la musique pour instruire nos yeux des beautés de la forme humaine, et le statuaire qui demanderait au marbre d'éveiller en nous les émotions que nous, donnent Racine ou Mozart n'arriverait qu'à vicier son art, à en énerver l'éloquence et à désarmer sa main.

Pendant les premiers temps de son séjour à Rome, Simart n'était pas encore guéri de ce qu'on pourrait appeler cette fièvre de jeunesse. Ses tendances vers une idéologie dangereuse se développant sous l'influence d'autres inquiétudes morales et de certaines tristesses dont le secret n'a été révélé qu'après lui, il courait le risque de se fourvoyer tout à fait, lorsque l'autorité et les exemples d'un grand maître vinrent nettement lui rappeler ses devoirs et lui enseigner le droit chemin. M. Ingres, récemment nommé directeur de l'Académie de France, mit d'autant plus d'empressement à secourir ce talent en péril qu'il y était sollicité à la fois par sa conscience de chef d'école et par l'intérêt que portait à Simart une famille dont il avait lui-même éprouvé de longue main les généreuses sympathies et la haute sagacité en matière d'art[1]. Simart fut donc en réalité l'élève, et l'élève docile, de M. Ingres. Il n'entra, à vrai dire, en possession de son talent, en familiarité avec les grandes conditions de l'art, qu'à partir du moment où il accepta cette forte discipline. Bien qu'il eût auparavant reçu les conseils successifs de Dupaty, de Cortot et de Pradier, il ne puisa qu'auprès de son dernier maître la certitude du beau et cette profonde intelligence de l'antique qui deviendra désormais la qualité distinctive, la marque invariable de ses travaux. Ainsi la main savante qui venait de guider M. Flandrin ouvrait une route non moins sûre à des progrès tout différens ; ainsi, à l'honneur d'avoir formé le talent le plus pur que notre école de peinture ait vu naître depuis vingt-cinq ans s'ajoute, pour M. Ingres, l'honneur non moins sérieux, mais plus inattendu peut-être, d'avoir instruit le sculpteur placé au premier rang parmi ceux dont les débuts remontent à la même époque.

Les années que Simart passa en Italie ne mirent pas fin seulement aux hésitations de son esprit ; elles marquent aussi le terme des rudes épreuves imposées longtemps à son courage par la misère et l'isolement. Rien de plus vulgaire assurément, rien de moins imprévu dans la biographie d'un artiste que le récit des difficultés et des détresses qui ont attristé les commencemens de sa carrière. On peut dire toutefois que cette vieille histoire du talent aux prises avec la pauvreté, Simart l'a rajeunie à force de patience dans la douleur et d'énergie dans la lutte. C'est peu pour lui, pendant les dix longues années de son premier séjour à Paris, de se voir condamné aux privations les plus dures, de ne pouvoir compter pour vivre que sur une pension de 300, puis de 400 francs, allouée par Troyes, sa ville natale, et un peu plus tard sur les bienfaits de M. Marcotte. Afin d'économiser la petite somme d'argent nécessaire à ses études, il se résignera sans peine à n'avoir d'autre gîte qu'un grenier où il ne pourra pas même se tenir debout, d'autre nourriture que quelques fruits de rebut, d'autres vêtemens que des lambeaux de drap raccommodés chaque jour et dissimulant tant bien que mal les preuves d'un dénûment plus affligeant encore. Qu'importe après tout cette indigence actuelle, si complète qu'elle soit, à qui se sent riche de ses espérances et de tous les succès futurs ? Simart est en fonds sur ce point. Ses vingt ans d'ailleurs lui conseillent aisément un dédain philosophique des commodités de la vie ; mais quel courage plus difficile ne lui faut-il pas pour subir les reproches, les méprises injurieuses de l'humble famille d'artisans dont il doit un jour honorer le nom, et qui ne sait voir encore dans la noble passion qui le possède que les témoignages de l'ingratitude ou l'entêtement de la vanité ! Surviennent les maladies, les déceptions amères, les échecs, qui achèvent de ruiner le présent et qui compromettent l'avenir. Rien ne lasse, rien n'ébranle même cette rare force de volonté. Menacé de perdre la vue au moment où il va enfin entrer en lice et disputer le prix de Rome, qui lui apparaît depuis si longtemps comme la récompense suprême, comme la planche de salut, dit-il, promise à ses efforts, le pauvre artiste est obligé de décliner la lutte d'où il espérait sortir vainqueur. Une autre fois, c'est l'argent qui manque, le peu d'argent dont il a besoin pour payer ses modèles, et le morceau de concours qu'il expose, forcément inachevé, n'obtient que le second prix. Voilà un grand malheur pour moi, écrit Simart au lendemain de cette honorable défaite, mais l'année prochaine j'aurai le premier grand prix… J'arriverai ou je mourrai en route. Peu s'en faut qu'il ne meure en effet, usé par les privations et les fatigues, mais du moins après avoir vu se réaliser les premiers rêves de son ambition, après avoir conquis cette couronne tant souhaitée. On sait le reste. La jeunesse chez Simart eut raison de la maladie, et le lauréat de l'école des Beaux-Arts, mieux autorisé que jamais à compter sur l'avenir, partit pour Rome, où son talent allait se confirmer, se définir, et acquérir bientôt cette vigueur paisible, cette sérénité dans les allures qu'il gardera jusqu'à la fin.

La première figure qui exprime clairement ces progrès et la salutaire influence exercée par M. Ingres sur les inclinations du jeune artiste est une figure de Joueur lançant le disque, ou, pour employer le terme consacré en Italie, la ruzzica ', que Simart envoya de Rome en 1837 et que le musée de Troyes possède aujourd'hui. Il n'est pas très difficile sans doute, lorsqu'on examine cette, statue, d'y reconnaître une science un peu timide encore, de constater çà et là, dans les proportions par exemple des jambes et des pieds, quelques incorrections assez graves, quelques témoignages d'inexpérience ; mais cette inexpérience même, ce mélange de naïveté et d'effort studieux ont la grâce si vite évanouie qui décore les essais de la jeunesse et qui annonce la puberté du talent. Il y a dans la vie des artistes éminens une heure rapide, une heure charmante, où leur habileté dans sa fleur s'épanouit modestement encore et laisse pressentir sous des formes ingénues la force ou la beauté prochaine. C'est le moment où l'élève adolescent du Pérugin trace avec une gaucherie exquise le Sposalizio, où Léonard nous fait deviner déjà le peintre de la Joconde dans le disciple à demi émancipé du Verocchio, où Michel-Ange sculpte sa tête de faune, et Donatello ses premières figures de saint Jean. Sans prétendre établir des rapprochemens téméraires, on peut dire que le Joueur de ruzzica ' résume dans la carrière du sculpteur français, cette période des audaces discrètes et des fraîches inspirations. Quelques années encore, et la main se montrera plus savante, les formes qu'elle modèlera accuseront des intentions plus sûres, un goût plus sévère et mieux éprouvé à tous égards ; quelque chose aura disparu pour jamais de la franchise dans le sentiment, de la sincérité première : étrange mystère de l'art qui convertit parfois les secours mêmes en dangers, les conseils de l'expérience en tentations ou en parti-pris, et la recherche opiniâtre du mieux en concession à l'esprit de système ! Et pourtant, de peur de compromettre sa liberté d'action, un artiste doit-il répudier les traditions et les règles ? Pour sauvegarder le sentiment, lui faut-il sacrifier la méthode ? Non, certes. L'art, on le sait de reste, n'a pas plus la fantaisie absolue pour principe qu'elle n'a pour objet l'effigie de la réalité, et la sculpture en particulier s'accommoderait mal de l'indépendance formelle et du caprice. Ce que nous voulons dire seulement, c'est que les progrès techniques les plus heureux ne s'accomplissent plis toujours sans dommage pour l'imagination personnelle, qu'à force d'avoir appris à raisonner, on court le risque de ne plus savoir aussi vivement sentir, et que, dans le domaine des arts comme ailleurs, l'âge, qui amène la maturité de l'esprit, emporte trop souvent les inspirations spontanées et les faciles émotions du cœur.

En ce qui concerne Simart, il serait très injuste sans doute d'attribuer un mérite tout de surface, une signification purement décorative, aux travaux qui ont rempli la seconde moitié de sa vie. On sera néanmoins forcé d'avouer qu'ici la part faite aux calculs scientifiques, aux combinaisons patientes, est bien près de l'emporter sur la part laissée à la verve et aux suggestions du sentiment. Veut-on un exemple de cette prédominance du style un peu exclusive dans les ouvrages de Simart, quelquefois même de l'insuffisance morale des moyens choisis par ce talent : que l'on jette les yeux sur le groupe représentant la Vierge et l'enfant Jésus que possède la cathédrale de Troyes. À ne considérer que le travail du ciseau, il y aurait beaucoup à louer dans ces deux figures, exécutées avec une remarquable délicatesse ; mais au point de vue de l'invention et de l'impression religieuse qu'il s'agissait avant tout de produire, le groupe de la cathédrale de Troyes est véritablement défectueux. Reconnaîtra-t-on l'image du Dieu des chrétiens, d'un Dieu de mansuétude et de miséricorde, dans ce petit Jupiter boudeur et court vêtu, dont le visage grimace une majesté emphatique, tandis que son bras inutilement robuste semble nous infliger une bénédiction ? Placée derrière son divin fils et debout comme lui, la Vierge n'exprime pas seulement, par la modestie affectée de l'attitude, un contraste excessif entre sa propre humilité et la fierté presque menaçante de l'enfant qu'elle propose à l'adoration des fidèles. Par le caractère tout moderne de ses traits, et en même temps par la simplicité à demi gothique des draperies qui l'enveloppent, elle dément la physionomie antique imprimée à l'autre moitié du groupe dans les formes animées aussi bien que dans l'ajustement. Que certaines parties de cette figure, les mains surtout, qui protègent les épaules de Jésus enfant avec une sorte d'hésitation respectueuse, soient finement comprises et rendues, c'est ce que nous n'entendons nullement contester. Toujours est-il que ces mérites de détail ne sauraient racheter l'imperfection radicale de l'ensemble, et qu'un pareil sujet comportait à la fois une signification morale plus haute et des moyens d'expression moins ambitieux. C'est assez parler toutefois de ce qui autorise le reproche dans l'œuvre de Simart. Il est temps de choisir entre les créations du statuaire celles qui s'appropriaient le mieux au développement de ses qualités, celles où se manifestent avec un complet à-propos son intelligence de l'art grec et sa confiance toute païenne dans l'éloquence de la forme pure dans l'autorité absolue du beau extérieur.

Les travaux de Simart peuvent se partager en deux classes. Les uns, par la nature des sujets représentés et les conditions spéciales de la tâche, ont un caractère et une valeur expressément architectoniques. Telles sont les grandes figures adossées aux colonnes de la barrière du Trône, celles qui décorent, au Louvre, le fronton du pavillon Denon et les voûtes du salon carré, enfin et surtout, aux angles du pavillon de l'Horloge, en face des Tuileries, ces deux groupes de cariatides à la beauté fraternelle, diverse et semblable à la fois : morceau excellent, véritable modèle de sculpture monumentale, que nous osons préférer même aux cariatides de Jean Goujon, et auquel il ne manque peut-être, pour être consacré par l'admiration unanime, qu'une origine moins récente et une place plus voisine du regard. Les autres ouvrages de Simart, - comme la statue de la Philosophie au palais du Luxembourg, ou les scènes de la Vie d'Orphée qui ornent les salons d'une habitation particulière à Paris, comme, en général, les statues et les bas-reliefs que l'artiste a exécutés dans des proportions au-dessous de la proportion colossale, - se recommandent, à défaut d'une grande force d'invention poétique, par des intentions conformes à l'esprit de chaque sujet aussi bien que par la sévérité de l'aspect et du style. C'est parmi les morceaux appartenant à cette seconde manière, pu, pour parler plus exactement, à cette seconde série de travaux, qu'il convient de rechercher les spécimens les plus significatifs du talent de Simart. Nous en indiquerons trois d'une importance principale : la statue d'Oreste réfugié à l'autel de Minerve, les Bas-reliefs du château de Dampierre, et ceux qui décorent, dans l'église des Invalides, les parois circulaires de la crypte où l'on a édifié le tombeau de Napoléon Ier.

On se souvient encore du succès, l'un des rares succès de la sculpture contemporaine, que lOreste obtint au salon de 1840. Peut-être ceux qui avaient vu le modèle en plâtre exposé l'année précédente à l'École des Beaux-Arts regrettaient-ils que, tout en corrigeant certaines imperfections de détail, le ciseau n'eût pas toujours su conserver au travail définitif l'accent de résolution et de verve imprimé d'abord à l'œuvre de l'ébauchoir. Peut-être aujourd'hui encore, si l'on examine ce modèle, placé dans le vestibule du château de Vendeuvre, y reconnaîtra-t-on l'empreinte d'une passion que le marbre, conservé au musée de Rouen, ne laisse apparaître qu'un peu refroidie. En admettant toutefois qu'ici, comme il arrive souvent' en matière de sculpture ou de peinture, l'épreuve première ait promis à certains égards un peu plus qu'il n'a été tenu, la statue dOreste n'en demeure pas moins un ouvrage considérable, un des meilleurs que Simart ait signés, et, - mérite rare dans les scènes empruntées aux légendes antiques, - l'image d'un fait que l'art moderne n'avait pas encore reproduit. Hennequin, M. Picot, plusieurs autres peintres français, ont, il est vrai, représenté sur la toile quelques-unes des aventures de la vie d'Oreste, mais non pas celle qui en est le plus dramatique et le plus touchant épisode. Flaxman lui-même, si judicieux, si bien inspiré d'ordinaire, Flaxman, dans ses illustrations d'Eschyle, n'a pas abordé ce beau sujet. Il nous montre Oreste tourmenté par les Furies, et un peu plus loin Oreste devant l'Aréopage ; il ne nous dit rien du moment intermédiaire, de cette heure, entre le supplice et la grâce, où le parricide, criminel et pourtant vertueux comme Œdipe, tombe éperdu au pied de l'autel de Minerve, tandis que les Euménides rôdent en quête de leur proie, et déjà se la montrent du doigt. Il doit être maintenant couché non loin d'ici. . Prenons garde, prenons bien garde, cherchons partout ! Qu'il ne fuie pas inaperçu, impuni, le meurtrier de sa mère ! Le voici abattu par la fatigue. Il embrasse la statue de l'immortelle déesse, il demande que son crime soit jugé. Quoi de mieux approprié qu'un pareil thème à toutes les conditions de la sculpture ? Quoi de plus profondément tragique, et en même temps de plus favorable à l'expression parfaite de la beauté humaine, que cette figure du jeune et misérable héros ? Oreste, le descendant d'un dieu, doit, par la nature exquise des formes, accuser sa céleste origine. Par le caractère de la physionomie et la langueur é pouvantée de l'attitude, il doit nous parler des souvenirs qui l'obsèdent et de l'horrible lutte qu'il vient de soutenir. On s'étonne vraiment que, pour retrouver quelque chose de la scène décrite par Eschyle, il faille remonter aux monumens de l'art antique, aux peintures des vases grecs, et que, depuis la renaissance jusqu'au siècle où nous sommes, tant de générations d'artistes aient pu, sans s'y arrêter, passer à côté d'un aussi grand sujet. Le choix fait par Simart avait donc en réalité toute l'importance d'une découverte. Reste à savoir le parti que le statuaire en a tiré, et dans quelle mesure les qualités de l'exécution correspondent ici à là puissance pathétique de la donnée.

Une première difficulté, et des plus graves, résultait de la violence même des agitations qu'il s'agissait de résumer. Une autre, non moins sérieuse, quoique toute matérielle, consistait dans l'ordonnance des lignes, dans l'accord à établir entre les différens aspects sous lesquels se présenterait cette figure, dont aucune draperie, ne vient soutenir les contours et en corriger au besoin l'insuffisance pittoresque ou les accidens. La sculpture répugne aux expressions convulsives, aux mouvemens désordonnés ; elle proscrit tout ce qui, de près ou de loin, tendrait à offenser la dignité de la forme, à en défigurer la beauté. Et cependant Oreste, succombant sous le poids des remords, ne pouvait, sans un contre-sens manifeste, revêtir l'apparence paisible d'un Endymion ou d'un Céphale. Ces transes, ces angoisses, d'une conscience en pleurs ne pouvaient être traduites à la façon des douleurs nonchalantes et des tristesses amoureuses d'un Narcisse. D'un autre côté, toute statue isolée d'un monument, et par conséquent accessible aux regards sous toutes ses faces, exige, dans la structure même et dans le geste, des combinaisons linéaires assez heureuses pour que l'unité des intentions et le charme de l'aspect subsistent, si variés que soient les points de vue. Or une figure couchée et défaillante offre en ce sens des ressources beaucoup moins certaines qu'une figure à représenter debout, parce que celle-ci, même sans le secours des draperies, se pondère naturellement et s'installe en vertu de son propre équilibre, et par le seul fait de son attitude verticale.

Cette double difficulté, inhérente au sujet aussi bien qu'aux conditions de l'agencement, Simart a su la vaincre avec une habileté rare et une intelligence supérieure des convenances de la statuaire. Rien dans son œuvre ne viole la loi morale de l'art antique, rien ne dépasse les limites au-delà desquelles l'intention dramatique aboutirait au désordre, l'énergie de l'expression à la déchéance de la forme ; rien non plus ne vient troubler ou appauvrir l'harmonie de la composition et introduire, soit dans les parties que l'œil embrasse pleinement développées, soit dans les parties vues en raccourci, un é lément de confusion, d'incertitude ou de simplicité aride. L'angle même que forme le genou reployé de la jambe droite, le vide laissé entre le bras gauche, qui s'écarte du torse et soutient le poids du corps en s'appuyant, presque sans fléchir, sur une marche, tandis que l'autre bras s'abandonne en suivant la ligne horizontale de l'autel. - tout ce qui aurait pu, sous une main moins judicieuse, compliquer fâcheusement la silhouette ou en convertir l'élégance en maigreur augmente ici l'harmonie de l'aspect et ajoute à leurhythmie du travail. Qu'on nous passe ce mot un peu solennel ; peut-être est-il de mise en face d'une œuvre où revit la pure tradition grecque, et d'ailleurs il nous semble définir mieux qu'un autre le genre de mérité qui caractérise lOreste. C'est en effet par la justesse des accords, par la proportion et l'harmonie entre les principes de l'inspiration et les moyen d'exécution employés, que cette belle figure réussit à nous émouvoir aussi sûrement qu'à nous séduire ; c'est paria qu'elle s'isole de la plupart des sculptures appartenant à l'école moderne, où l'on trouve tantôt un naturalisme sans dignité, tantôt une correction sans idée, tantôt enfin des prétentions idéalistessans une connaissance sérieuse du métier. Pour exprimer chez Oreste l'épuisement des forces, Simart n'a pas entendu sacrifier la beauté physique ni matérialiser plus que de raison la défaite de l'âme, en donnant au corps une apparence maladive. Un reste de tension dans les muscles, une sorte de frémissement mal apaisé, accusent suffisamment les récentes douleurs de la chair, et confirment ce que nous ont appris déjà les traits du visage, ces yeux à demi-clos sous des sourcils qui se contractent encore, ces lèvres entrouvertes comme pour murmurer une dernière plainte ou une dernière supplication. Du reste, aucune dépression exagérée dans le contour ou dans le modelé des membres, aucun détail malséant, aucune pauvreté de style sous prétexte d'exactitude. Tout vaincu qu'il est par la souffrance, le corps de ce beau jeune homme garde sa noblesse et sa grâce. Les muscles de la poitrine, largement et savamment divisés, comme dans la statue antique dAchille, comme dans cette autre figure dOreste debout auprès d'Electre que l'on voit au musée de Naples, et dont Simart s'est probablement souvenu, les épaules souples et robustes, l'élasticité, la finesse des attaches, tout attesté la jeunesse et la vigueur, tout est traité avec un sentiment épique de la forme, avec un goût et une fermeté de dessin irréprochables.

S'il fallait choisir un terme de comparaison parmi les statues modernes que les caractères de la pratique ou l'analogie des sujets semblent rapprocher de celle-ci, peut-être ne trouverait-on à mettre en regard de Y Oreste de Simart que le Pyrrhus de Bartolini. Même science, même ampleur dans l'exécution, même soumission aussi aux exemples du passé. Seulement, sous des dehors empruntés à l'art antique, une originalité intime, quelque chose de personnel et de récent anime l'œuvre du maître florentin, en renouvelle l'esprit et en vivifie le style. Cet accent d'indépendance secrète, de vie propre, fait un peu défaut dans l'œuvre de l'artiste français. Il n'y a que justice à la louer comme un morceau achevé au point de vue du goût, et du savoir ; on ne peut, sans excès de bienveillance, l'admirer à titre de révélation formelle, d'expression parfaitement imprévue du beau. LOreste est, si l'on veut, un chef-d'œuvre de discernement, d'inspiration mesurée, de convenance en toutes choses : ce n'est pas un chef-d'œuvre dans le sens absolu du mot, parce qu'il y manque ce qu'on pourrait appeler l'enveloppe individuelle, ce vernis suprême du sentiment qui est aux produits de l'art ce qu'est le duvet au fruit ou le parfum à la fleur. - Ainsi, dans cette composition tout antique en apparence, dans ce marbre où le fond et la forme semblent ne nous parler que de la Grèce et des modèles qu'elle nous a légués, l'instinct national se trahit encore et se greffe en quelque sorte sur les doctrines empruntées qu'on voudrait faire prévaloir. La raison, cette muse par excellence de l'art français, vient, au risque de la refroidir quelquefois, conseiller la verve du ciseau et proposer des accommodemens, des sacrifices même, là où l'on avait rêvé peut-être des audaces manifestes ou un archaïsme sans merci. Né dans un autre pays, dans la patrie de Bartolini par exemple., le sculpteur de lOreste eut probablement osé s'abandonner davantage, et, les privilèges d'une organisation italienne aidant, il eût su donner à son travail une finesse plus pénétrante, l'empreinte d'une poésie plus vive, plus alerte dans ses allures ;

mais il n'appartenait qu'à un artiste français, à un descendant de Poussin, de procéder avec cette sagesse, et de concilier dans une aussi exacte mesure toutes les exigences de la vérité et du goût.

Les bas-reliefs en forme de frises et de médaillons qui décorent la galerie du château de Dampierre ne peuvent que confirmer à tous égards l'opinion que la statue dOreste nous a donnée du talent de Simart. Même habileté supérieure dans le choix et l'arrangement des lignes, dans l'exécution de chaque morceau, mais aussi même correction un peu impersonnelle, même docilité un peu trop opiniâtre à l'autorité des exemples consacrés. Il faut en convenir toutefois, si, dans cette nouvelle tâche, la part de l'invention proprement dite semble le plus souvent à peu près sacrifiée, les conditions mêmes et la destination du travail justifieraient ici mieux qu'ailleurs cette abdication de l'imagination et de la volonté personnelles. Quel était en effet le thème proposé au talent de Simart ? Il ne s'agissait plus, comme dans la composition de lOreste, de traiter un sujet neuf, foncièrement humain sous son étiquette mythologique, et demodeler une figure sans corrélation nécessaire avec les objets environnans : il s'agissait de retracer sur les voûtes d'un sanctuaire dédié à l'art antique une suite de scènes conformes aux monumens réunis dans ce riche musée, et de représenter encore une fois, après la foule des statuaires grecs, des graveurs en médaille et en pierre fine, après les artistes de tous les siècles et de toutes les écoles,l'Age d'or et l'Age de fer, Vénus et Pandore, Cybèle et les Trois Parques, et autres sujets ou figures expressément symboliques. Ajoutons que, dans la même salle et au-dessous des bas-reliefs sculptés par Simart, quelques-uns des sujets confiés au ciseau du statuaire avaient été. aussi acceptés par M. Ingres, et que d'autres images de l'âge d'or et de l'âge de fer devaient, sous le pinceau du maître, achever de consacrer ces murs. Comment soutenir un pareil voisinage en se fiant à ses propres forces ? Le plus sûr n'était-il pas de décliner personnellement la lutte, ou tout au moins d'abriter sa responsabilité sous l'autorité des anciens modèles, consultés de près et fidèlement reproduits ? C'est le parti que prit Simart, non pas à la dérobée et en cherchant à dissimuler ses emprunts, mais au contraire en proclamant lui-même, comme le faisait Chénier pour un autre ordre de travaux, à quelles sources il avait puisé, quelles leçons il avait suivies.

Qu'on ne s'exagère pas néanmoins la part qui revient dans les bas-reliefs du château de Dampierre aux œuvres et aux exemples d'autrui. Si la Vénusportée par un cheval marin, si Saturne et Janus, ou la figure de Cybèle assise, sont des reproductions presque textuelles de pierres gravées antiques, de même que Thésée terrassant le Minotaure et Triptolème monté sur le char ailé de Cérès procèdent directement de certaines peintures des vases grecs, - les deux scènes qui symbolisent l'âge de fer, et surtout les deux compositions, la Moisson et les Vendanges, où sont résumées les joies sereines de l'âge d'or, portent moins ouvertement ce caractère d'imitation.

Bien souvent il n'y a d'imité ici que le style, et l'on pourrait citer plus d'une intention ingénieuse, plus d'un épisode gracieux, pathétique même, où les maîtres de l'art antique n'auraient rien à revendiquer. Elles appartiennent par exemple, très légitimement à Simart, ces figures de deux jeunes époux qui, dans le bas-relief de la Moisson, marchent en échangeant des paroles d'amour au premier rang du rustique cortège, et cette placide image de la jeune mère assise avec son enfant endormi à l'arrière du char où s'entassent les gerbes. N'y a-t-il rien de plus qu'un souvenir des frontons des temples d'Égine et d'Athènes dans ces combattans qui personnifient la Guerre, dans ces deux groupes placés à chaque extrémité de la composition et représentant, l'un un vieillard et une femme qui se cramponnent avec toute l'énergie du désespoir à l'autel d'où ils vont être arrachés, l'autre une mère disputant sa fille à la convoitise des vainqueurs ? Pour peu que l'on étudie, au surplus le caractère d'abnégation intelligente et la savante sincérité de l'entreprise tentée par Simart, pour peu que l'on rapproche de ce travail d'assimilation d'autres travaux où l'on a prétendu aussi faire revivre les mœurs de l'art antique et s'en approprier les termes, il sera facile d'apprécier ce qu'une pareille restitution des anciens monumens a, au fond, de rare et de méritoire. Il n'en va pas en effet des bas-reliefs sculptés par Simart comme des tableaux grecs ou romains renouvelés de David, comme des pièces de théâtre taillées sur des patrons de seconde main, et dans lesquelles la poésie antique, tamisée pour ainsi dire à travers la rhétorique des grands tragiques français, ne laisse d'autre résidu que quelques solennels couplets de facture, un style pompeusement aride et l'image effacée d'une action. Simart, tant s'en faut, n'est dans le domaine de la statuaire ni un Drouais, ni un Luce de Lancival. Au lieu de demander les secrets de la beauté pittoresque à une peinture académique ou le style d'un texte original à une traduction, il consulte ses oracles en face, les interroge de vive voix, et ne leur marchande pas l'obéissance directe. Sa manière austère, mais non conventionnelle, érudite, mais non pédantesque, n'a rien de commun avec cette tradition prétendue classique à laquelle ce qui manque le plus est précisément l'intelligence de la beauté grecque. On pourra reprocher aux œuvres de Simart, et en particulier aux bas-reliefs du château de Dampierre, leur apparence un peu trop archéologique ; on y verra peut-être un défi presque hautain à nos inclinations modernes, un parti-pris de rupture violente avec l'idéal familier que tous plus ou moins nous caressons aujourd'hui- : personne, en tout cas, ne sera tenté d'accuser la médiocrité de la pratique, et, le système une fois admis, d'en juger l'application incomplète ou d'en dédaigner les résultats.

L'imitation du style antique, légitime dans le travail que nous venons de mentionner, l'était-elle aussi sûrement dans un autre travail d'une destination toute différente ? L'emploi du nu, des allégories païennes, était-il le moyen d'expression, à choisir pour la représentation d'événemens appartenant à notre siècle et pour la décoration d'une sépulture chrétienne ? En un mot, pouvait-on traiter les bas-reliefs du tombeau de l'empereur dans le même goût et conformément aux mêmes principes que s'il se fût agi de sculpter le tombeau d'un Périclès ou d'un Alexandre ? La question est complexe, et nous écarterons un moment ce qui concerne l'histoire et le costume pour examiner la signification morale et mesurer la portée du système adopté par Simart, système, faux, à notre avis, et que nous condamnerions sans réserve s'il fallait le juger seulement au point de vue religieux, parce que, envisagé ainsi, il aboutit à un contre- sens, ou, si l'on veut, à une amphibologie d'autant plus fâcheuse que le lieu où elle est commise la permet ou l'excuse moins.

De deux choses l'une en effet : ou cette église catholique est le temple de la gloire humaine, - et alors pourquoi des autels et des prières ? ou bien voici le sanctuaire où gît sous l'œil de Dieu la dépouille d'un chrétien, - et alors pourquoi ces réminiscences mythologiques, ces défroques du vieil Olympe, ces outrages presque aux mystères que l'on célèbre à deux pas de ce tombeau ? On objectera peut-être certains exemples littéraires, certaines libertés admises dans le domaine de la poésie et constituant parfois une contradiction semblable entre l'orthodoxie des intentions et le paganisme de la forme ; mais on ne saurait comparer aux fictions qui ne s'adressent qu'à notre esprit dès fictions définies et palpables, on ne saurait accepter et absoudre le mensonge de fait aussi volontiers que l'allusion métaphysique. Que dans un ouvrage tout d'imagination, dans un poème comme la Divine Comédie, tel nom étranger au calendrier chrétien personnifie cependant un point de la foi chrétienne, que Minos devienne le justicier de Jésus-Christ, et Caron l'ange qui conduit les âmes au seuil du divin tribunal, on peut à la rigueur s'accommoder de ces licences, parce qu'elles servent, non pas de vêtement, mais d'étiquette à des idées, et qu'elles se produisent dans une sphère où nos sens n'ont ni moyen de contrôle ni accès. Supposez au contraire un tableau d'église où ces idées se résoudraient en personnages armés de leurs attributs mythologiques, où l'on verrait de ses yeux ce que l'on n'a fait que pressentir ailleurs : on sera justement choqué de ce pêle-mêle d'images chrétiennes et de souvenirs du paganisme, comme on est surpris pour le moins, en face des bas-reliefs du tombeau de l'empereur, de rencontrer presque côte à côte Vulcain et l'Église catholique, ou de trouver la tiare pontificale en pendant au pétase ailé de Mercure. Enfin, pour justifier la prédominance de l'élément héroïque sur l'élément religieux dans la composition de ces bas-reliefs, dira-t-on qu'il s'agissait avant tout de glorifier la mémoire du puissant génie qui a conquis et gouverné le monde ? Mais les symboles chrétiens eussent rehaussé la majesté du sujet, bien loin de l'humilier ou de la compromettre. Supprimez le signe rédempteur de la croix ; il n'y a plus ici que des reliques muettes, en ce sens qu'elles dorment environnées seulement des souvenirs de la terre et de l'appareil d'une puissance éteinte. Sanctifiées au contraire par là croix, elles s'animeront pour nous parler du ciel et de la miséricorde divine, nécessaire aux héros comme aux créatures les plus humbles, à ceux qui ont fini dans toute la splendeur de la renommée humaine aussi bien qu'aux morts ignorés.

Simart nous semble donc avoir commis une faute grave contre le goût et, qui pis est, contre la moralité même de son sujet, tantôt en associant des images symboliques qui se démentent entre elles, tantôt en substituant absolument les formules de la tradition profane à l'expression religieuse que commandaient le monument et le lieu. Il ne suit pas de là que l'on doive réprouver aussi, en tant que style historique, le style choisi par Simart, et cette intervention du nu ou du costume antique dans la représentation de faits modernes. Si, au lieu d'un tombeau, il se fût agi seulement d'élever un monument commémoratif des événemens qui ont illustré le règne de Napoléon Ier, ces formes d'expression empruntées à une langue morte, mais intelligible à tout le monde, nous paraîtraient aussi opportunes, aussi bien appropriées au sujet que les formes invariables du passé employées dans les inscriptions pour perpétuer les souvenirs du présent. Cependant, dira-t-on, les termes du programme étaient précis. En les interprétant à sa guise, en supprimant ici les signes caractéristiques et la physionomie même de nos mœurs, on courait le risque de fausser le sens précis de chaque scène, ou tout au moins d'aboutir à l'équivoque. Le moyen par exemple de figurer létablissement de la cour des comptes ou la création du conseil d'état en groupant des hommes sans costume officiel ou-même sans costume d'aucune sorte ? Comment pourrons-nous reconnaître lorganisation de l'université là où les cinq facultés nous apparaîtront vêtues à la façon des Muses, et les lycéens aussi dévêtus que des gymnastes ? Rien de moins facile en effet ni de plus déplacé, si l'office de ces bas-reliefs eût été, comme celui de certains tableaux d'histoire, de reproduire le fait proprement dit et de nous donner le procès-verbal de telle scène, les portraits authentiques de tels personnages connus et nommés. L'esquisse du serment du Jeu de Paume, où David s'est plu à transformer les députés du tiers-état en spécimens de myologie, prouve assez le non-sens du nu et le ridicule de la science à outrance en pareil cas ; mais le travail confié à Simart n'avait ni les mêmes conditions, ni les mêmes exigences strictement historiques. L'essentiel n'était pas de nous montrer, à côté de l'empereur et sous une apparence conforme de tous points à la réalité, les hauts fonctionnaires qui l'ont aidé dans l'accomplissement de ses desseins, encore moins les objets d'habillement ou le mobilier de son époque. Ce qu'il importait de définir bien plus que les traits et les costumes de Cambacérès ou de Fontanes, c'était le principe et l'objet des institutions nouvelles, c'était la pensée même qui avait créé le conseil d'état ou réorganisé l'université. Quoi de plus naturel dès lors et de mieux en rapport avec la grandeur de ces institutions que d'en résumer l'esprit en quelques traits au-dessus du fait matériel et de la vérité passagère ? Quoi de plus légitime que de faire prévaloir les idées éternelles de progrès et de justice sur l'expression de quelques coutumes particulières à une époque, l'exactitude morale sur la fidélité aux dates, et, comme le dit avec raison M. Eyriès, les formules d'une convention, mais d'une convention trente fois séculaire, sur la transcription littérale de la réalité contemporaine ? Non, quoi qu'on ait prétendu à ce propos, le parti pris par Simart dans la composition et le style des bas-reliefs du tombeau de l'empereur n'est ni un malencontreux caprice archéologique, ni un mensonge gratuit de l'artiste pour sortir d'embarras et dissimuler sa déconvenue en face d'une tâche toute nouvelle pour lui. C'est au contraire un choix judicieux, le résultat d'une appréciation sincère et raisonnée. Il faut louer celui qui a pris cette résolution d'avoir su ainsi sacrifier une véracité aride à l'éloquence, l'effigie matérielle à l'image, et les détails spéciaux, qui n'eussent mis. en lumière que quelques particularités de notre histoire, aux caractères plus généraux, à la signification tout humaine de l'ensemble.

Les dix bas-reliefs qui, avec la statue de l'empereur Napoléon, constituent la part faite à Simart dans la décoration de la crypte des Invalides n'ont pas été tous sculptés par lui. Il en est quelques-uns dont il a dû, faute de temps, confier l'exécution à des mains étrangères ; mais la disposition de toutes les parties de ce vaste travail lui appartient en propre, et si la critique court le risque de se méprendre parfois sur le nom du vrai coupable en relevant çà et là quelques inégalités dans la pratique, quelques imperfections dans le modelé de certains corps, elle est sûre du moins de s'adresser à qui de droit en louant partout l'élévation de la pensée et la justesse des intentions.

Pour relier entre eux les fragmens de l'épopée qu'il avait à écrire sur ces murs, pour imprimer à ces épisodes divers un caractère d'unité et de symétrie, Simart a eu l'heureuse idée de faire de la figure de l'empereur le centre invariable et comme le pivot de chaque composition. À droite et à gauche de cette figure, assise le plus souvent et exprimant par le calme de l'attitude et du geste la puissance sûre d'elle-même, l'auguste sérénité, du génie, des groupes d'hommes et de femmes, distribués dans un ordre régulier sans monotonie, symbolisent les grandes pensées que Napoléon médite ou les lois qu'il vient d'édicter. Ainsi, dans l'établissement de la cour des comptes, - sujet difficile et cependant un des plus heureusement traités, - la Fraude, l'Erreur et l'Imposture sont personnifiées par trois figures de femmes qui essaient en vain de s'approcher du trône impérial, tandis que, du côté opposé, l'Exactitude, la Vérité et l'Ordre s'abritent sous la main protectrice du souverain et à sa voix s'apprêtent à réprimer ou à prévenir les abus. Ailleurs, dans la création de l'ordre de la légion d'honneur, un soldat découvrant fièrement sa poitrine cicatrisée, un homme vieilli dans l'étude, se mêlent aux ligures allégoriques de là Poésie et des Beaux-Arts pour venir recevoir la récompense décernée à tous les genres de mérite, le titre qui confond dans les rangs d'une même noblesse tous les courages et tous les talens. - Rien de mieux, répondra-t-on peut-être, mais il n'y a en tout cela qu'un médiocre effort d'imagination. Tout n'aura pas été dit, et dit dans les meilleurs termes, parce qu'on aura fait intervenir l'Erreur avec son bandeau ou l'Imposture avec son masque sous forme d'allusions aux fournisseurs concussionnaires et aux comptables infidèles. Il n'était pas non plus fort méritoire, pour personnifier les arts et les lettres au temps du premier empire, de mettre, suivant la coutume, un maillet aux mains de la Sculpture, une lyre aux mains de la Poésie. Le style de l'œuvre une fois donné, le premier venu en eût imaginé autant. - Sans doute, et nous ne savons pas plus de gré qu'il ne faut à Simart d'avoir suivi sur ce point des usages depuis bien longtemps consacrés ; mais un autre que lui probablement n'eût pas su tirer un aussi bon parti de ces ressources banales et rajeunir, comme il l'a fait, ces vieux emblèmes, ces allégories décrépites, par la vigueur ou la bonne grâce de l'exécution, par la justesse ou l'ampleur de la mise en scène. Un autre n'eût pas, comme lui, compris et restitué le vrai sens de ces modèles, si universellement proposés, si rarement étudiés avec l'attention et la sincérité qui conviennent. Les exemples de l'antiquité sont en apparence familiers à tout le monde ; la vénération traditionnelle pour les monumens de l'art grec a suscité et suscite chaque jour une foule d'imitateurs. D'où vient pourtant que si peu nous donnent autre chose que des imitations mensongères où les dehors peuvent être plus où moins adroitement parodiés, mais où rien n'a passé de la force et de la beauté intimes qui animent les œuvres originales ? C'est que ces prétendus disciples de l'art antique se contentent de s'en faire les plagiaires ; c'est que, sous leur ciseau ou sous leur pinceau paresseusement actif, se multiplient les faciles contrefaçons et non les interprétations studieuses, les simulacres et non les images fidèles. De là, pour nos yeux et pour notre esprit, une satiété telle qu'à peine essayons-nous de distinguer entre ces œuvres mort-nées et celles où les principes et les inspirations antiques revivent effectivement. Faudra-t-il pour cela que les artistes de notre temps renoncent à l'emploi de certaines formules consacrées, à la reproduction de certains types d'une excellence reconnue ? De ce que l'architecture moderne par exemple a souvent abusé des ornemens grecs ou romains, doit-on inférer que les oves ou les triglyphes ne sauraient désormais être de mise dans la décoration de nos monumens ? La conclusion ne serait ni mieux motivée ni plus juste en ce qui concerne les modèles fournis par la statuaire antique et le profit à en tirer aujourd'hui. Ces modèles, on a le droit et le devoir de les imiter, mais à la condition d'en extraire la substance et la moelle même, au lieu d'en dérober seulement l'enveloppe et d'en transcrire les apparences. Les études de l'antique sont en un mot les humanités de l'art. C'est peu de n'y puiser que de simples leçons de calligraphie pittoresque ou des phrases toutes faites pour s'autoriser souvent à ne rien dire. Il faut y chercher mieux que cela ; il faut, à l'exemple de Simart, demander à ces études des secrets plus précieux et une correction moins vulgaire. Le sculpteur des bas-reliefs du tombeau de l'empereur s'est approprié, aussi bien que la correction du style, la pensée même, le goût, les saines habitudes de l'art grec. Son œuvre, à ce titre, mérite de figurer, sinon parmi les créations originales, du moins parmi les travaux les plus sérieux de notre temps. Qui sait même ? peut-être trouvera-t-on qu'il est plus malaisé et plus louable de renouer ainsi de hautes traditions que de se hasarder à la poursuite d'une forme d'expression nouvelle ; peut-être, au milieu des incertitudes et des fantaisies maladives qui tourmentent l'école contemporaine, le plus sûr est-il encore de se retrancher dans le passé, et, pour échapper à ce désarroi des croyances, de remonter jusqu'aux époques de foi unanime et de robuste tranquillité.

Dans cet examen des travaux de Simart, nous avons omis plus d'une œuvre qui se recommande pourtant, soit par son propre mérite, soit par l'importance de la tâche, soit enfin, - comme la restitution de la Minerve du Parthénon, - par un caractère et des procédés d'exécution exceptionnels. Nous n'avons rien dit ni d'une statue de la Poésie épique placée dans la bibliothèque du palais du Luxembourg, ni d'un groupe pour la salle du Trône dans le même palais, - l'Art demandant ses inspirations à la Poésie, - ni d'une figure allégorique, la Ville de Paris, pour le berceau du prince impérial : figure charmante, d'une expression toute maternelle, et dont le délicat sourire semble glisser des traits du visage sur les formes souples du corps et animer en quelque sorte jusqu'aux plis de l'ajustement. Si dignes qu'elles soient du sculpteur de l'Oreste, ces statues et plusieurs autres encore ne serviraient qu'à grossir la liste des travaux qu'a laissés Simart ; elles ne montreraient pas sous un jour nouveau un talent dont les spécimens que nous avons essayé d'analyser donnent suffisamment la définition et la mesure. Quant à la Minerve, les questions qu'elle soulève intéressent l'archéologie plus directement encore que l'art proprement dit, et ces questions ont été discutées ici même par un juge des mieux autorisés en pareille matière[2]). Il faut bien ajouter que dans ce travail la seule partie qui ne porte pas Je caractère formel d'une restitution, le bas-relief du piédestal représentant Pandore s'éveillant à la vie, est, à notre avis, un morceau faiblement conçu et, fort contrairement aux coutumes de ce ciseau, traité avec une grâce molle, avec une certaine adresse mignarde qui rappelle la manière de Canova. Simart, dit-on, avait une prédilection particulière pour ce bas-relief, et le fait peut nous étonner, bien que les artistes d'ordinaire les plus difficiles pour eux-mêmes aient eu quelquefois de pareilles faiblesses paternelles. Ce qui nous surprend davantage, c'est que cette faiblesse ait été partagée par des esprits moins naturellement prévenus, et que ceux-là mêmes qui s'étaient montrés le plus sévères pour l'ensemble du travail n'aient trouvé que des paroles d'indulgence ou d'éloge pour un détail qui, mieux que tout le reste, eût donné prise à la critique et légitimé le reproche.

Le silence que nous avons cru devoir nous imposer en face des œuvres secondaires de Simart, nous l'avons gardé aussi en ce qui concerne les particularités biographiques. Le mieux que nous eussions pu faire sur ce point eût été de transcrire les pages du livre de M. Eyriès, et d'ailleurs, sauf dans la période des débuts, la vie de Simart n'offre rien que de régulier, de paisiblement studieux, de favorisé à tous égards. Une fois, il est vrai, à l'occasion des travaux du tombeau de l'empereur, travaux répartis d'abord entre plusieurs artistes et confiés ensuite, en vertu d'un principe beaucoup plus sage, au talent d'un seul, quelques difficultés assez graves, quelques accusations amères vinrent compliquer pour un temps cette existence et en altérer le calme habituel ; mais, hormis ce court moment de luttes et de malentendus pénibles, Simart ne connut que des jours exempts des vicissitudes qui trop souvent entravent ou retardent la marche du talent. Les tâches les plus importantes, les récompenses les plus hautes qu'un artiste puisse ambitionner, il les obtint de bonne heure et sans avoir à recourir aux sollicitations, aux démarches dont le mérite ne dispense pas toujours. Heureuse carrière que la sienne, mais avant tout carrière honorable et bien remplie ; vie brillante, à n'en considérer que les dehors, mais au fond vie sérieuse et probe, invariablement consacrée à l'étude, aux affections de la famille, à toutes les honnêtes passions ! Il ne nous appartient pas, à propos des sentimens qui ont animé Simart jusqu'à la fin, de parler de ceux qu'il avait inspirés autour de lui et qui lui survivent, saintement dévoués à sa mémoire. Nous n'irons pas troubler une grande douleur dans le silence de l'asile où elle se recueille, ni essayer d'attirer des regards humains sur une existence qui ne veut être vue que de Dieu. Qu'il nous soit permis de dire seulement qu'aux pieux regrets qui alimentent cette vie cachée d'autres regrets s'associent, dont l'unanimité même est à la fois un hommage au passé et un symptôme des inquiétudes du présent. Depuis que Simart, victime d'un triste accident, a disparu dans la vigueur de l'âge et du talent, tous ceux que préoccupe l'honneur de notre école ont compris quel noble soldat la mort venait d'enlever à la cause de l'art sérieux, quel vide elle laissait dans des rangs déjà bien éclaircis.

Nous le répétons, aux œuvres de Simart, si habiles qu'elles fussent, il manquait l'autorité tout à fait personnelle, et cette expression de haute franchise qui subjugue l'imagination avant même de persuader l'esprit ; mais son grave et pur talent avait au moins le caractère d'une protestation utile contre les envahissemens d'une facile industrie, contre les petites ambitions et les petites ruses, contre tout ce qui, directement ou non, tend à dénaturer la fonction de l'ait ou à le rabaisser au niveau d'un métier. Peu d'artistes de notre temps ont poussé aussi loin que Simart et aussi religieusement gardé le respect du devoir, la conviction et le zèle du bien. Toutefois, sans prétendre remettre en question certaines lois générales imposées, en matière d'esthétique, à toutes les consciences et nécessaires à toutes les doctrines, on peut se demander si le bien tel que le comprenait et le pratiquait le sculpteur de l'Oreste, des bas-reliefs du château de Dampierre et de la crypte des Invalides, est désormais la fin unique des aspirations légitimes, le seul objet des efforts permis. Le talent de Simart nous donne-t-il le dernier mot des conditions qui doivent régir la sculpture moderne, la mesure exacte des franchises qui lui sont laissées, et d'autres talens contemporains de celui-là peuvent-ils, en poursuivant un idéal quelque peu différent, réclamer les mêmes droits à l'estime et les mêmes titres au succès ? C'est ce qu'il reste à examiner.

De tout temps en France, depuis la renaissance jusqu'au siècle où nous sommes, l'étude de l'antique a été tenue en honneur et considérée par les statuaires comme la source d'où découlent les progrès les plus sûrs dans la science du beau. Durant la brillante période qu'inaugurent Michel Colomb, Jean Juste, Pierre Bontemps, bien d'autres excellens artistes encore, et qui, après avoir reçu de Jean Goujon sa consécration définitive, va se clore à peu près avec l'époque où Jacques Sarazin cesse de travailler, les exemples de l'art italien exercent, il est vrai, sur la manière de nos sculpteurs une influence considérable ; mais cette influence n'est pas, à beaucoup près, si absolue qu'elle absorbe l'autorité d'exemples plus dignes de vénération encore. Le style italien et le style antique, conciliés avec une sagacité toute française dans les œuvres appartenant à cette belle époque, leur donnent à la fois une majesté et une finesse qui en attestent clairement les origines. Depuis les tombeaux de Saint-Denis, de Nantes et de Tours jusqu'aux bas-reliefs de la fontaine des Innocens, jusqu'aux cariatides de Sarazin dans la cour du Louvre, combien de monuments pourrait-on citer où il n'est pas difficile de reconnaître l'empreinte d'un esprit d'imitation aussi bien informé au fond que mesuré et délicat dans la pratique ! Plus tard, cette délicatesse disparaît en partie pour faire place à une expression plus vigoureuse de la vie, à une recherche plus assidue de la force et du mouvement, sauf à rencontrer parfois l'agitation : les souvenirs de l'antiquité demeurent néanmoins, en dépit des préoccupations nouvelles. Ce ne sont pas certes les modèles auxquels Jean Goujon s'adressait de préférence qui instruiront le puissant ciseau de Puget ; mais certains monuments, chers autrefois à Michel-Ange, seront consultés de près par le sculpteur du Milon, de l'Hercule, du Saint Sébastien, et, quelle que soit en apparence la fière indépendance de cette manière, elle ne fait encore que continuer sous d'autres formes les studieuses traditions qui avaient inspiré les entreprises précédentes. Enfin, lorsque la révolution commencée dans un juste désir de progrès s'achève dans l'aberration et dans la licence, lorsque regarde, le Bernin et leur séquelle ont popularisé partout la manie de la sculpture pittoresque et du style tourmenté, c'est en France, et en France seulement, que survit un peu de respect pour le bon sens et pour les enseignemens du passé. C'est dans notre école que s'est réfugié ce qui subsiste encore de science saine, de doctrine consacrée, de goût classique, et qu'au milieu même de ce naufrage de l'art quelques talens surnagent, guidés, sinon par une étoile assez radieuse pour les conduire au port, au moins par une lueur à demi voilée qui leur permet de louvoyer entre les écueils. Survient David, et avec lui la fin des hésitations et des scrupules. Sous le règne de ce réformateur universel, la statuaire, aussi bien que la peinture, entre ouvertement et persiste dans une voie d'imitation à outrance, dans un système d'archaïsme aussi inflexible, aussi impitoyable qu'avaient été désordonnés le mouvement en sens contraire dont les artistes italiens s'étaient faits les promoteurs et les entraînemens auxquels notre école avait résisté de son mieux. Ici, nul effort, nulle velléité même de résistance. Pour tous les sculpteurs comme pour les peintres, le culte des anciens monumens est devenu un point de foi plus rigoureux, un moyen de salut mieux assuré que la croyance aux vérités directes et naturelles. On dirait qu'à leurs yeux la forme animée est bien moins un modèle dont le ciseau a le devoir de figurer l'image qu'un prétexte pour simuler certains procédés d'exécution et pour reproduire certains types créés par la main des hommes.

La religion de l'antique n'a donc pas cessé, bien qu'avec des alternatives diverses, de rencontrer des disciples dévoués parmi les artistes de notre pays. Dans ce zèle d'imitation toutefois, des préférences pour l'art romain sont sensibles, et cela peut s'expliquer par la richesse de nos musées en monumens des époques impériales comme par la rareté des chefs-d'œuvre de l'art grec publiquement proposés à l'étude avant le temps où nous vivons. Peut-être aussi faut-il attribuer la prédilection des sculpteurs français pour la statuaire romaine à une affinité secrète entre les principes que celle-ci résume et les tendances instinctives, le génie même de l'art national. Notre école de sculpture, la plus savante d'ailleurs et la plus riche des écoles modernes à partir de la seconde moitié du xvie siècle, - sans parler des gages fort significatifs pourtant qu'elle avait donnés déjà vers la fin du XIIIe, - notre école de sculpture se distingue en général par le goût du vrai, par l'intelligence de la physionomie et du caractère personnel, bien plutôt que par le sentiment de la beauté idéale. De là son excellence dans l'art du portrait et cette suite non interrompue de belles œuvres en ce genre, depuis la statue de l'amiral Chabot jusqu'au Voltaire de Houdon. Or, avec un style et des moyens d'exécution différens la sculpture romaine procède d'un fonds d'inclinations et de qualités analogues. Lors même qu'ils poursuivaient un autre objet que la science du fait et de la vérité positive, il était dojic naturel que les artistes français choisissent la route la plus voisine de celle où ils avaient coutume de marcher et qu'ils prissent pour guides les maîtres de l'antiquité romaine, parce qu'ils n'avaient besoin pour les comprendre ni d'oublier complètement leur propre langue, ni de renoncer aux habitudes innées de leur esprit. Sous David encore, c'est-à-dire au moment où la recherche de la pureté du style semble plus active et plus absolue que jamais, le mouvement de retour vers l'antiquité ne va guère au-delà de cet idéalisme mesuré. Ce n'est qu'un peu plus tard, lorsque, au temps de la restauration, les épreuves en plâtre des marbres du Parthénon et la Vénus de Milo viennent prendre place dans les salles du Louvre, qu'une ambition nouvelle surgit au sein de notre école, et que l'art grec, étudié pour la première fois dans ses manifestations les plus hautes, suscite ou modifie quelques talens dont les œuvres se succèdent pendant vingt années environ : œuvres sages et correctes plutôt que décidément expressives, talens bien intentionnés, dont la manière de Cortot résume mieux qu'aucune autre les croyances et les nobles désirs, mais auxquels ont manqué, pour le plein succès de l'entreprise, cette audace dans l'assimilation, cette intelligence passionnée de la beauté grecque que le peintre d'Œdipe possédait déjà au commencement du siècle et qu'il allait achever de manifester, on sait avec quel éclat, dans l'Apothéose d'Homère.

Singulière coïncidence d'ailleurs : tandis que, un peu désabusée des exemples romains et des enseignemens conformes popularisés par David, une partie de l'école française redoublait de zèle pour f antique en vertu de cette désillusion même et s'insurgeait, au nom de Phidias, contre la tradition académique, - un autre groupe d'insurgés beaucoup plus radicaux prétendait faire justice de toutes les traditions, quelles qu'elles fussent, et couper court aussi bien aux tentatives renouvelées de l'art grec qu'aux imitations de l'art romain. On sait ce qui advint de l'entreprise et les progrès entremêlés de beaucoup d'abus que, pour employer le langage du temps, la réaction romantique détermina dans le domaine de la peinture, de la peinture de genre et de paysage principalement. La sculpture à son tour devait ressentir quelque chose de ces agitations et comme le contre-coup de ce mouvement. Sans se faire ouvertement complice d'une doctrine qu'elle n'eût pu embrasser d'ailleurs qu'à la condition de se mutiler elle-même et bientôt de se suicider, elle ne refusa pas toute concession aux exigences de l'esprit nouveau. On put même surprendre çà et là quelques symptômes d'imprudence, quelques témoignages de sympathie trop vive pour les principes qui prévalaient alors dans les œuvres des peintres ; mais en général la réforme tentée ou plutôt acceptée par les sculpteurs n'eut ni les empressemens violens, ni les bruyantes promesses, ni les caprices d'une révolution. Tout se passa sans grand dommage pour l'ordre ; tout se borna à des essais de conciliation entre les partis, à des efforts diversement heureux pour élargir dans l'image du beau la part de la réalité et pour associer au respect traditionnel de l'antique des sentimens plus jeunes, moins élevés quelquefois, mais après tout dignes encore de l'art et de notre école.

Deux artistes remarquablement habiles, Pradier et David d'Angers, personnifient bien ce système de transaction, ces accommodemens entre les lois qui de tout temps ont régi la sculpture française et les innovations qu'elle ne pouvait absolument rejeter sans s'exposer au danger de se voir punie de ses dédains par l'indifférence publique. Le premier, nous le disions en commençant, a eu le tort de pousser bien loin ses avances à la popularité ; mais s'il est juste de réprouver le caractère de certaines intentions, l'agrément suspect de certaines formes du style dans les œuvres de Pradier, il n'y a que justice aussi à louer l'habileté, quelquefois supérieure, avec laquelle le sculpteur de Psyché et de Sapho a su exprimer la grâce sans excès d'abandon, la vie sans exagération pittoresque. Là même où rien ne se laisse pressentir d'une arrière-pensée de mauvais aloi, les habitudes de son ciseau sont, il est vrai, des moins austères. Sous la main de Pradier, la beauté antique s'enjolive du charme un peu grêle, des détails de physionomie un peu subtils qui caractérisent la beauté moderne. Il n'en est pas moins vrai qu'un vif souvenir de la Grèce vit encore dans ces images, conformes en apparence aux goûts de notre temps et de notre pays, et que, sous ces dehors de facilité, sous cette science sans façon, on devine un talent plus studieux qu'il ne veut se montrer et nourri en meilleur lieu qu'on ne l'aurait cru d'abord.

Moins adroit peut-être que Pradier au point de vue de la pratique, mais plus sérieux dans ses tendances et plus énergiquement inspiré, David d'Angers a fait preuve, surtout au commencement de sa carrière, d'une originalité véritable, d'une vigueur de sentiment presque magistrale. David avait d'un maître la sûreté du coup d'œil, l'aptitude à envisager la forme sous son aspect caractéristique, a discerner dans chaque type l'élément essentiel de beauté ou de force qu'il importe de dégager. Tant que cette vivacité d'impression en face de la nature fut réglée et contenue dans de justes limites par l'étude ou le souvenir des exemples de l'antiquité, les statues nues ou drapées, les médaillons et les bustes sortis de l'atelier de David honorèrent hautement l'artiste qui définissait ainsi, en même temps que sa propre valeur, les aspirations, les desseins, le programme de la nouvelle école. Par malheur, un moment vint où le frein si utilement imposé d'abord se relâcha pour céder bientôt tout à fait. À force de prétendre insister sur les vérités d'exception et d'accident, David perdit presque le sentiment et la notion des vérités générales. À force de vouloir mettre en relief tel fait particulier, telle curiosité de physionomie ou d'habillement, il oublia jusqu'aux plus simples conditions de la beauté, de la vraisemblance même, jusqu'aux lois de la structure humaine et des proportions anatomiques. De là ces étranges portraits d'hommes voués aux travaux de l'esprit, où le développement du crâne dégénère en difformité monstrueuse, ces statues érigées sur les places publiques de Nancy, du Havre, de Dunkerque et de plusieurs autres villes, où, sous prétexte de sincérité, les bizarreries, du costume moderne s'exagèrent aussi bien que l'irrégularité, des traits ou les imperfections corporelles des héros. On aurait toutefois une très fausse idée de la manière de David, si l'on en jugeait seulement sur ces témoignages excessifs. Bien que, au milieu de ses plus graves erreurs, le vigoureux talent de l'artiste se manifeste encore, bien que, dans le fronton du Panthéon par exemple, la figure allégorique placée au centre de la composition console, par la simplicité de l'aspect et la fermeté dû style, le regard qu'ont déconcerté pour le moins les groupes avoisinans, - c'est ailleurs, c'est dans les œuvres appartenant aux années qui précèdent ou qui suivent de fort près. 1830, qu'il faut chercher les preuves et les vrais titres de ce talent. Ici le besoin de parler net n'aboutit pas à la manie des affirmations brutales, la haine d'un idéalisme conventionnel ne se traduit pas en pédantisme d'une autre sorte, en ostentation de la réalité. La mesure est exactement gardée entre l'abus de la fiction et l'abus du vrai, et lors même qu'il n'en reproduit pas les habitudes extérieures et les types, David reste au fond le disciple de l'art grec. Il ne fait qu'en assouplir les règles en raison de nos mœurs et de ses propres instincts ; il en modifie les termes sans en renier pour cela ni les enseignemens ni l'esprit.

Aujourd'hui comme par le passé, le culte de l'antiquité est pour notre école de sculpture un article de foi universelle, Une sorte de religion de l'état qui défie les schismes et les attaques. Tous les sculpteurs contemporains s'entendent en principe et tombent d'accord sur ce point. Malheureusement, auprès du plus grand nombre, il en est un peu de l'antique comme de la vertu dans l'ordre moral : chacun l'admire et la loue, elle se morfond à la porte de chacun. On se pique de vénération pour l'art grec, on affiche même dans la pratique les dehors de la conviction et du dévouement. Que faut-il penser cependant de ce zèle et de ces respects apparens ? Jusqu'où va en réalité cette foi dans la tradition, et combien d'artistes, tout en. protestant de leur amour pour l'antique, réussissent à prouver qu'ils en savent aimer mieux que les surfaces et lui emprunter autre chose que des artifices de style ou de simples recettes d'exécution ? Les uns continuent, avec une inaltérable bonhomie, de dépeupler l'Olympe et de tailler, suivant les patrons accoutumés, les images des dieux et des déesses. D'autres, sans souci des conditions spéciales et des exigences de chaque sujet, n'ont qu'un type pour toutes les figures, un mannequin pour tous les costumes, et déguiseraient volontiers la Vénus de Médicis en héroïne du moyen âge, l'Apollon du Belvédère en apôtre, en maréchal de France ou en magistrat. D'autres enfin, pour s'isoler de la foule des imitateurs, se contentent de varier les termes de l'imitation et de faire main-basse sur des exemples moins habituellement reproduits. Au lieu des marbres consacrés par l'admiration unanime, ils choisissent des morceaux connus surtout dès érudits ; au lieu des sculptures appartenant au temps de Périclès, ils copient les monumens d'une autre époque, et, quelques enjolivemens archéologiques aidant, quelques ornemens empruntés à l'orfèvrerie ou à la peinture s'ajoutant dans leur œuvre à l'archaïsme du ciseau, les voilà persuadés qu'ils possèdent les vrais secrets de l'art grec, parce qu'ils en ont ressuscité quelques procédés hors d'usage !

À côté de ces praticiens diversement actifs, mais également inutiles au progrès, bon nombre de sculpteurs, en fait d'antiquité, s'en tiennent à la théorie. Ils s'inclineront pieusement au nom de Phidias, sauf à consulter d'habitude Coysevox : ils n'auront pour les grands exemples de l'école attique que des paroles d'enthousiasme ; mais, s'ils se mettent à l'œuvre, c'est la réalité vulgaire qu'ils s'efforceront de transcrire, en enchérissant même sur les laideurs du modèle. Puis viennent les sculpteurs qui ne font de l'ébauchoir qu'un instrument de menue industrie, fabricans de statuettes, pourvoyeurs d'étagères, auxquels le titre d'artistes siérait aussi peu que celui de poètes aux rimeurs de chansonnettes. Et cependant, en dépit de ces témoignages de lassitude ou d'impuissance, malgré tant d'élémens de scepticisme ou d'anarchie, notre école de sculpture n'a pas encore si bien démérité qu'on ne puisse citer, parmi les travaux qu'elle a produits dans le cours des trente dernières années, plus d'une œuvre éminente, plus d'une tentative digne de son passé. Si affaiblie qu'elle paraisse, elle lutte encore, et elle lutte victorieusement, pour garder sur les écoles étrangères sa vieille suprématie et pour continuer les traditions qui l'obligent envers elle-même. Le Jeune Pêcheur, de Rude, placé maintenant au Louvre, dans une des salles consacrées aux anciens chefs-d'œuvre de la sculpture française, se soutient à côté de ces nobles monumens. Le Danseur, de M. Duret, cette figure d'un jet si heureux, d'une expression si gracieuse et si neuve, et l'Improvisateur, qui lui sert de pendant, auraient-ils rien à redouter d'un pareil voisinage ? Le Génie de la liberté et la Leucothoé de M. Dumont, le Premier Secret de M. Jouffroy, laPénélope et la Vérité de M. Cavelier, le Faune de M. Lequesne, l'Heure de la Nuit de M. Pollet, les statues plus récemment sculptées par MM. Moreau, Guillaume et Loison, - de tels ouvrages, et plusieurs autres qu'il serait facile d'ajouter à cette liste déjà longue, prouvent assez que l'élévation du goût et la pureté du style n'ont pas cessé de trouver des représentans dans notre école. La sculpture de portrait, cette gloire de l'art français depuis trois siècles, est traitée, sinon avec la même aisance qu'autrefois, au moins avec une fine intelligence de la physionomie et de la vérité contemporaine ou historique. Sans parler de beaucoup de bustes successivement exposés au Salon, plusieurs statues, telles que le Mirabeau, le Bailly et le Maréchal Gérard, de M. Jaley, attestent que dans cet ordre de travaux l'habileté matérielle est aussi loin de faire défaut que l'aptitude à comprendre et à exprimer le caractère moral des modèles. Enfin, lorsque M. Barye consent à se soumettre aux exigences en quelque sorte architecturales de la sculpture, lorsque, en reproduisant la nature avec la verve pittoresque que chacun sait, il n'abuse pas de cette verve même pour agiter plus que de raison les lignes ou pour installer seulement laressemblance physique là où il est nécessaire aussi de donner place à l'interprétation idéale, au langage calme de la forme révisée et épurée par l'art, - les œuvres de ce talent

31

supérieur dans le genre tout spécial qu'il a choisi achèvent d'assurer le premier rang à l'école de notre pays. En outre, elles ajoutent à nos propres richesses dans le passé et dans le présent des titres assez nouveaux, des témoignages d'originalité assez nets, pour qu'on soit aussi mal venu à accuser en ceci les doctrines immobiles de la sculpture française qu'on le serait à lui reprocher le dédain des règles et l'oubli de ses traditions.

Les écoles étrangères, depuis le commencement du siècle, avaient dû à la renommée de certains artistes une importance toute nouvelle, et quelquefois les plus vastes succès qu'ait obtenus la sculpture moderne. Aujourd'hui les écoles étrangères ne comptent plus que des hommes de talent, dont la réputation dépasse rarement les frontières du pays où ils travaillent. L'héritage du sculpteur danois Thorwaldsen, un moment recueilli par Fogelberg, n'appartient depuis la mort de celui-ci à personne, comme depuis la mort de Bar, tolini aucun sculpteur italien n'a réussi à remplacer ce savant maître dans sa situation de chef d'école[3]. À Rome M. Tenerani, à Florence M. Dupré, ont, il est vrai, succédé à Bartolini, en ce sens qu'ils sont devenus, après lui, les deux talens les plus considérables de l'école italienne. Néanmoins le premier, malgré sa haute habileté et sa longue expérience, n'a pas acquis toute l'autorité d'un maître ; le second, après avoir débuté avec un grand éclat, n'a pas justifié toutes les espérances qu'avaient fait concevoir ses commencemens. Quoi qu'il ait produit depuis lors, il demeure et peut-être, demeurera-t-il longtemps encore ce qu'il était déjà il y a près de vingt ans, le sculpteur de l'Abel. Ni l'Angleterre, ni la Belgique ne trouveraient à opposer a nos statuaires des rivaux fort dangereux. Reste l'Allemagne, où, si l'on considère le nombre et l'importance matérielle des entreprises, la sculpture semble plus populaire qu'en aucun autre pays, mais où les maîtres font défaut comme ailleurs. L'école de Munich, en perdant Schwanthaler, s'est trouvée dépossédée du rang qu'elle occupait depuis plusieurs années, et c'est à Dresde maintenant sous l'influence de M. Rietschell, à Berlin auprès de M. Drake, que les sculpteurs travaillent avec le plus d'assiduité et de succès. M. Rietschell, le plus célèbre aujourd'hui des statuaires allemands, a exécuté, entre autres ouvrages notables, le Monument de Lessing à Brunswick et le groupe fraternel de Gœthe et de Schiller à Weimar. Il achève en ce moment pour la ville de Worms un immense travail en mémoire de la réformation et de Luther. En Prusse, M. Drake a hérité en partie de la réputation dont avait joui Rauch, et partage l'autorité avec deux élèves de celui-ci, MM. Schievelbein et Blaëser, auxquels on doit les groupes qui décorent le pont du château royal de, Berlin et les bas-reliefs du pont de Dirschau, près de Dantzig. Quels que soient d'ailleurs les mérites qui recommandent les œuvres des artistes que nous venons de nommer, ces œuvres ont en général un caractère expressément national et historique. L'image fidèle de tel personnage, la représentation de tel fait intéressant la gloire de l'Allemagne, tels sont le plus souvent l'objet et la signification des tâches accomplies de nos jours de l'autre côté du Rhin. Il n'y a rien là qui relève, à proprement parler, de l'idéal, rien qui accuse des préoccupations très vives de l'antique et du beau, et l'on peut dire, sans vanité patriotique, que c'est presque uniquement en France que l'on essaie encore d'attribuer à la statuaire un rôle conforme aux principes les plus élevés et au sens le plus général de l'art.

Notre école de sculpture vit donc toujours et continue de faire ses preuves ; mais, il faut bien l'avouer, elle vit dans une atmosphère où la foule ne pénètre pas. Les gages qu'elle donne de talent et de constance, nous les laissons passer le plus souvent sans y attacher un autre prix qu'à ces travaux de pure érudition, à ces dissertations archéologiques ou philologiques dont il appartient à quelques rares initiés d'apprécier l'à-propos ou de discuter la valeur. Rien de plus naturel. Par le temps qui court de dévotion à la photographie et d'appétits fort contraires à l'idéal en toutes choses, qu'avons-nous à faire d'un art qui s'obstine à nous prêcher le mépris de ce que nous aimons et le culte de ce que nous ne savons plus aimer ? A quoi bon ces efforts de science pour galvaniser une langue morte, ou tout au moins pour ajouter quelques jours de vie à une doctrine condamnée, à des traditions expirantes ? Aux yeux de la plupart d'entre nous, la sculpture, avec ses allures solennelles et sa signification austère, n'est plus dans nos mœurs. On peut la tolérer encore à titre de souvenir du passé, on peut de temps à autre s'intéresser à ces témoignages posthumes, à ces formes anciennes d'expression, de même que, par un reste de déférence ou d'habitude, on applaudit parfois une pièce de théâtre écrite en vers ; mais, en matière d'art comme ailleurs, nous avons surtout le goût de la prose, et la sculpture n'étant rien moins que propre à nous satisfaire sur ce point, nous en abandonnons les produits à ceux qui, par curiosité d'esprit ou par état, se soucient encore du style poétique.

Il serait assez oiseux au reste, de plus il ne serait point juste d'accuser seulement en ceci les erreurs ou les défaillances de l'opinion. Que nous en soyons venus à considérer la sculpture à peu près comme un hors-d'œuvre dans le mouvement des idées actuelles, comme un inutile démenti aux humbles inclinations et à quelques faux progrès de notre époque, voilà qui est fâcheux assurément et fort peu excusable en principe. La faute n'en est pas toute à nous cependant, et, dans cette méprise où nous avons le tort de nous complaire, une part de responsabilité peut être attribuée à ceux-là mêmes qui en sont les victimes. On ne saurait blâmer, tant s'en faut, les sculpteurs de prétendre résister à l'esprit d'aventure et de désordre qui travaille l'art contemporain. Ils ont le devoir de défendre à tout prix des principes qui intéressent aussi bien la dignité de leur talent que les conditions mêmes de la statuaire. Il ne faut pas toutefois que les formes de cette résistance laissent soupçonner l'opiniâtreté et le parti-pris là où doivent prévaloir le bon droit et le courage ; il ne faut pas que, de peur de se faire complice des abus, on se dispense de rechercher le progrès. Les sculpteurs aujourd'hui semblent trop facilement disposés à se retrancher dans cette réserve regrettable, dans cette force de volonté négative. Qu'ils se refusent aux concessions imprudentes, rien de mieux, mais qu'ils consentent au moins à s'enquérir de nos besoins, qu'ils ne ferment pas systématiquement les yeux aux signes du temps, ne fût-ce que pour apprécier le péril et pour aviser aux moyens de le conjurer. Quels que soient le nombre et la valeur des talens qui l'honorent encore, notre école de sculpture a en somme une physionomie un peu effacée, parce que, à force de se défier des innovations, elle a trop souvent méconnu les nécessités du présent. Elle s'isole par là de notre école de peinture ou, pour parler plus exactement, de la peinture contemporaine, - ce mot école impliquant une idée de communauté dans les tendances et d'analogie dans les travaux qui ne serait ici rien moins que justifiée par les faits. De nos jours la peinture, malgré la diversité des œuvres, aura eu son caractère propre et sa part d'initiative ; elle aura marqué sa place dans l'histoire de l'art par des efforts bien souvent heureux pour marcher plus avant dans une voie déjà ouverte ou pour découvrir quelque route nouvelle. Depuis cet illustre disciple de l'antique et de Raphaël jusqu'à ce vaillant peintre sans maître et sans aïeux qui succombait il y a quelques jours à peine, depuis M. Ingres jusqu'à Decamps, combien d'artistes éminens dont les talens ont perfectionné, rajeuni, transformé quelquefois la peinture française ! Il n'en va pas ainsi de notre sculpture au xixe siècle. Elle se sera maintenue, non sans honneur, dans la sphère des idées prévues et des études consacrées, gardant en face des agitations et des menaces du dehors une attitude calme, et, pour ainsi parler, le silence de la résignation ; mais elle se sera tue aussi là où il semble que la discussion eût été de mise. Elle a eu jusqu'ici le mérite de persister dans le bien, soit : a-t-elle tout fait pour connaître le mieux et pour nous en instruire ? Le moment serait venu pour elle de se montrer à la fois plus curieuse et plus libérale. Nous ne lui demandons pour cela ni une transformation radicale, ni un coupable détachement des grands exemples du passé. Oui sans doute, l'étude de l'antique est et doit demeurer une loi nécessaire de la sculpture moderne, parce que l'antique est la plus haute expression du beau, et qu'en dehors du beau la sculpture n'existe pas. Oui, cela est certain aussi, la traduction de la forme par le ciseau a des exigences immuables, des règles qu'une fois trouvées, on ne saurait enfreindre sans avilir la majesté du corps humain et la majesté de l'art lui-même. Pourtant ce corps, si admirable que Dieu l'ait fait, est-ce assez d'en célébrer seulement les proportions et les harmonies, d'en comprendre et d'en reproduire à souhait la grâce ou la noblesse ? N'oublions pas qu'il est aussi, qu'il est surtout le sanctuaire de l'âme, et que l'imitation, même accomplie, des apparences de la nature ou de l'art antique nous donnerait tout au plus la moitié des enseignemens qui importent, des secrets qu'il s'agit de révéler.

Quelle est donc la tâche de nos sculpteurs ? quel moyen leur reste-t-il de nous ramener au goût et à l'intelligence de l'art sans sacrifice compromettant comme sans obstination excessive ? Ce serait méconnaître les droits du bon sens et les conditions prescrites à la statuaire que de prétendre supprimer, au profit exclusif de la beauté immatérielle, la beauté visible et palpable. Il ne suffira pas non plus de définir celle-ci conformément à certains types admis et de s'assimiler, même aussi heureusement que l'a fait Simart, le sentiment et le style antiques. Le salut nous paraît être entre ces deux partis. Il faut se servir des anciens modèles pour en approprier les principes et les termes à des aspirations, à des croyances que l'antiquité n'a pas connues ; il faut, comme disait le peintre Orsel à propos d'autres travaux, baptiser l'art grec. Tant que la sculpture en France n'aura pas été régénérée par ce bienfaisant baptême, elle aura beau multiplier les produits et les témoignages d'habileté ; elle ne réussira pas, je le crains, à avoir raison de notre indifférence : elle continuera de dépenser à peu. près en pure perte une érudition plus ou moins sûre, des efforts diversement studieux. La sculpture, en un mot, restera ce qu'elle est aujourd'hui, une exception et un contraste, au lieu de devenir, comme il lui appartient, un des symptômes de la pensée générale, une des formes du progrès.

HENRI DELABORDE

NOTES

1. Le nom de la famille Marcotte se trouve si souvent et si honorablement mêlé à l'histoire des artistes les plus éminens de notre époque, qu'il suffira de mentionner ici ce nom sans insister sur les souvenirs qui s'y rattachent. On sait avec quelle affectueuse sollicitude M. Marcotte d'Argenteuil entretint ou releva pendant les dernières années le courage de Léopold Robert, avec quel zèle il se dévoua à la gloire de M. Ingres bien avant l'heure des admirations unanimes et des triomphes éclatans. Un frère de cet ami des deux célèbres peintres s'intéressa tout d'abord, et plus utilement que personne, aux essais, aux succès encore incertains de Simart. Enfin un troisième frère, M. Marcotte-Genlis, continuant dignement la tradition de ses aînés, seconda de tout son pouvoir les derniers progrès de l'artiste, et demeura jusqu'à la fin en liaison intime avec lui. À côté de ces protecteurs éclairés du talent de Simart, il n'est que juste de nommer M. Gabriel de Vendeuvre, bien prompt, lui aussi, à deviner ce talent, à en favoriser l'essor sans réserve d'aucune sorte, et, aujourd'hui encore, bien pieusement attentif aux faits qui peuvent achever d'en populariser les œuvres ou d'en consacrer la mémoire.

2. Voyez, dans la livraison du 1er février 1856, la Statuaire d'or et d'ivoire, par M. Beulé.

3. Voyez, sur Fogelberg et Bartolini, la Revue du 15 juin et du 15 septembre 1855.

www.ingramcontent.com/pod-product-compliance
Lightning Source LLC
Chambersburg PA
CBHW072314200526
45168CB00014B/1507